AF242580

SAINTE-PÉLAGIE

OU

PLAINTES D'UN PRISONNIER

ÉPITRE

A M. LE CONSEILLER D'ÉTAT DELAVAU

PRÉFET DE POLICE

SUIVIE D'UNE

NOTICE SUR SAINTE-PÉLAGIE

Par M. Joseph Cahaigne.

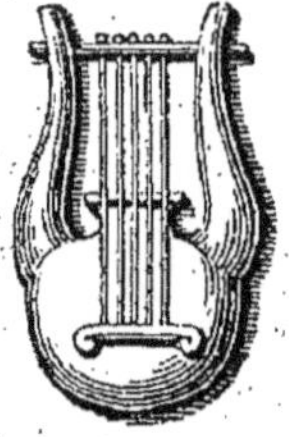

PARIS

CHEZ LES MARCHANDS DE NOUVEAUTÉS.

1826

IMPRIMERIE DE J. TASTU.

SAINTE-PÉLAGIE

OU

PLAINTES D'UN PRISONNIER.

IMPRIMERIE DE J. TASTU,
RUE DE VAUGIRARD, N. 36.

SAINTE-PÉLAGIE

OU

PLAINTES D'UN PRISONNIER

ÉPITRE

A M. LE CONSEILLER D'ÉTAT DELAVAU

PRÉFET DE POLICE

SUIVIE D'UNE

NOTICE SUR SAINTE-PÉLAGIE

Par M. Joseph Cahaigne.

PARIS

CHEZ LES MARCHANDS DE NOUVEAUTÉS.

1826

NOTICE

SUR

SAINTE-PÉLAGIE.

J'écris sous les verroux ; ce dont je parle
je l'ai vu en grande partie, le reste m'est fourni
par vingt témoins oculaires. Beaucoup de personnes ne pensent pas qu'on puisse exposer
d'honnêtes gens à tant d'indignités; on est même
généralement persuadé que les jours d'un prisonnier coulent à Sainte-Pélagie aussi agréablement que partout ailleurs, à la liberté près.
Il est temps de faire cesser une pareille erreur;
il est temps de montrer jusqu'à quel point ces
hommes qui prêchent tant le respect dû aux
membres de la société savent l'observer eux-
mêmes.

ÉPITRE

A

M. LE CONSEILLER D'ÉTAT DELAVAU,

PRÉFET DE POLICE.

Avant de commencer, Muse, recueillez-vous;
Prêtez à ma raison vos accens les plus doux.
L'homme à qui vous parlez est Préfet de police
Et conseiller d'État, ainsi point de malice.
N'oubliez pas surtout qu'on lui doit du respect,
Et que même Apollon s'incline à son aspect.

Préfet, il te souvient de ce jour de septembre
Où, soumis à mon sort, j'allai choisir ma chambre

A Sainte-Pélagie. Il te souvient encor

De ce jour où ma lettre, en prenant son essor ',

Vola de ma prison jusqu'à la Préfecture;

Je m'ennuyais déjà : fatigué de lecture,

Je voulais de Linus emprunter les accens,

Et, successeur d'Orphée, adoucir par mes chants ²

Les Cerbères du lieu.' Séparé de Clémence,

Je voulais soupirer dans plaintive romance

Mon amoureux désir; et, nouveau troubadour,

Redire mon supplice aux échos d'alentour.

Inutiles souhaits ! à mes maux insensible,

Tu me refusas net; ta plume *incorruptible*

Me fit bientôt savoir, très-laconiquement,

Qu'un citoyen sans peur, qui parle librement,

Jamais de tes pareils ne sentit l'obligeance.

« D'impérieux *motifs d'ordre et de convenance*

Défendent, prétends-tu, qu'on cède à mon désir.

On n'est pas en prison pour avoir du plaisir. »

Je le savais déjà : mais quel est ton langage?

Depuis quand, instrument de trouble et de tapage,

Dit–on qu'une guitare ébranla les prisons?

Depuis quand, réponds-moi, d'innocentes chansons

Ont–elles de nos lois blessé les convenances?

Prends-y garde, Préfet, ces petites vengeances

Pourraient bien ne paraître aux yeux de l'équité

Qu'un ignoble moyen, par Fortis inventé [3],

Pour punir un auteur d'avoir eu du courage.

N'importe; des frocards je sais braver la rage.

Au fond de mon cachot je sais, calme et sans peur,

De leurs lâches complots mépriser la noirceur.

Un esprit libre et droit résiste à la contrainte,

Et qui vit sans reproche attend la mort sans crainte.

Mais je m'écarte un peu, je crois, de mon sujet;

De te faire pleurer je n'ai pas le projet.

Il faut donc regagner le chemin satirique

Que déjà je perdais; et, d'un ton moins tragique,

Te dire que je crois n'avoir pas mérité

Pour quelques vers malins tant de sévérité.

   Dis-moi donc, grand Préfet, noble esprit, cœur sublime,

Pour me traiter ainsi dis-moi quel est mon crime?

Ai-je, du spadassin dédaignant les faisceaux [4],

Menacé d'un fleuret notre garde-des-sceaux?

Ou bien, nouvel Amrou, traîné dans la poussière [5]

Ces bouquins précieux idoles de Corbière?

Ai-je, loin du danger, près la porte Maillot [6],

Dénigré les hauts faits du vainqueur de Chaillot?

Ai-je ri, dans mes vers, du mignonnet Sosthène,

D'un déluge d'hysope inondant notre scène?

Ai-je montré Chabrol, dans un pamphlet amer,

Pour aller à Saint-Cloud atteint du mal de mer?

M'a-t-on vu, par mes cris, insolemment rebelle,

Troubler la digestion des ventrus de Villèle?

Frondai-je Trébuquet, aux yeux de tout Paris [7],

Repoussant le géant du général Fortis?

Fis-je craindre à d'Hermès une boule homicide [8]?

Suis-je traître, voleur, assassin, parricide?

Non; le crime toujours épouvanta mon cœur.

Pourquoi donc me traiter avec tant de rigueur?

Ma muse, j'en conviens, parfois un peu caustique,

Naguère égratigna la bande jésuitique;

Et, d'un pinceau fidèle esquissant leur portrait,

Aux Français indignés les peignit trait pour trait.

Ma voix osa flétrir cette race étrangère [9]

Enseignant aux enfans à mépriser leur mère;

Ces novateurs hardis, repoussés par nos lois,

Successeurs exécrés des assassins des Rois [10];

Ces moines factieux, ces apôtres nomades

Au nom d'un Dieu de paix prêchant les dragonnades[11];

Ces forcenés ligueurs, de puissance affamés,

Qu'aux bouts de l'univers le crime a proclamés [12];

Ces béats.... Mais déjà ton front devient sévère,

Mes discours, je le vois, allument ta colère:

As-tu donc arboré leurs signes ennemis [13]?

Es-tu leur prosélyte, et sont-ils tes amis?

   Il n'est pas toujours bon de montrer du courage,

Et ma muse, en naissant, en fit l'apprentissage.

Je sus, à mes dépens, qu'on ne peut, par des vers,

D'un prince de l'Église attaquer les travers;

Et d'un bon jugement la formule établie

M'envoya réfléchir à Sainte-Pélagie.

Je subis mon arrêt avec docilité.

Je crus qu'un écrivain qui perd sa liberté
N'a pas à redouter, de la part des Cerbères,
Les insolens propos, les traitemens sévères,
Imposés, dans ces lieux, à ce tas de brigands
Que la société repousse de ses rangs;
Que la loi qui punit défend qu'on nous opprime;
Qu'un reste de pudeur a séparé le crime
De ces gens dont la plume attaquant des abus
Découvre à nos regards Tartufe *in partibus*,
Ainsi que les forfaits cumulant les richesses;
Qui, des grands de l'État dévoilant les bassesses,
Vont, par un vers sanglant, justement mérité,
Les clouer au poteau de la postérité.

Quelle était mon erreur! quelle mon ignorance,
Préfet! dans ce séjour de dégoûts, de souffrance,
Dans ce cloaque impur, avec les gens de bien,
Pêle-mêle entassés, je trouve le vaurien,
Le filou, le voleur, le forçat, le faussaire,
L'infâme pédéraste. Un stellionataire,

Coquin d'une autre espèce, obtient plus de faveurs

Que le mieux renommé des plus loyaux auteurs ;

Et bravant en repos un créancier qui crie

Vit gaîment du produit de son escroquerie.

Il en est cependant dont la captivité

Passe sans rien sentir de ta rigidité.

Tu les traites en frère ; et ta main bienfaisante

Allége, avec bonté, la chaîne trop pesante

De ces chers précepteurs de l'imberbe Ottoman.

Le grand nom de jésuite, effrayant talisman,

Sait de leurs durs gardiens modérer la rudesse.

Pour eux sont les égards, les soins, la politesse ;

Et le geôlier moins âpre, en ôtant son bonnet,

Sourit aux protégés de monsieur le Préfet.

Peut-être des frondeurs la voix rude et sévère

Va crier : quelle honte ! une secte étrangère,

Qui jamais, pour agir, n'a choisi les moyens,

Vient en France usurper les droits des citoyens !

Bien plus ; un conseiller que sa place éminente

Oblige à réprimer la race turbulente,

Pour les suppôts d'Ignace oubliant son devoir,
Au défaut d'équité joint l'abus du pouvoir!
Ils ont raison, Préfet; je ne saurais le taire,
Qu'un vil adulateur, pour un honteux salaire,
Aille de ton éloge ennuyer tout Paris;
Qu'il te dise habile homme; et, qu'à force de cris
Il s'applique à tromper l'opinion publique.
J'abandonne ce soin au journal *Catholique*,
A la servile *Étoile*, à tous ces chevaliers [15]
Des fils de Loyola très-humbles familiers,
A tes obscurs commis, aux limiers de police.
Ma voix n'apprit jamais à vanter l'injustice.

Tes torts sont grands, Préfet. Je veux bien toutefois
Oublier ces bontés, qu'au mépris de nos lois,
Tandis que ta rigueur accable l'honnête homme,
Tu sais faire pleuvoir sur l'échappé de Rome.
Tu penses bien; ton cœur crève de piété;
Soit. Qu'importe, en effet, pour la société,
Que Vaille le jésuite, au lieu d'un oratoire [16],
Fasse de sa prison un joyeux réfectoire?

Quand à peine on obtient de mauvais alimens,

Que des ragoûts exquis, que des vins excellens,

Invitant l'appétit par leur délicatesse,

Viennent de son gaster réveiller la paresse ?

Qu'on cherche à l'égayer; que sans permission

De gens en *robe courte* une procession

Du matin jusqu'au soir encombre sa cellule ?

De lui rien refuser qu'on se fasse un scrupule ?

On le doit, j'y consens, à cet homme effronté

Qui, proscrit par la loi, lève un front déhonté

Et brave des Français le terrible anathême.

Mais qu'on surpasse encor cette impudeur extrême !

Mais qu'un lâche coquin, qu'un ignoble mouchard [17]

Ose, même en ces lieux, promener son regard !

Que tandis qu'on refuse une fille à son père,

L'épouse à son époux, une sœur à son frère,

Le guichet au mouchard s'ouvre sans autre loi

Que le nom repoussant de son infâme emploi,

Que le signe attestant qu'il est de la police !

Ah ! c'est plus qu'un abus, c'est plus qu'une injustice,

C'est..... Préfet, je m'arrête. Écoute, et te souvien
Qu'être juste avant tout est la loi du chrétien.

Juste ? dira quelqu'un ; de ce mot on se joue.
Je ne l'ignore plus. Pour une âme de boue
En vain retentiraient les accens de l'honneur.
Ici ne vois—je pas des êtres sans pudeur
Qui, déloyaux par goût, fripons par habitude,
Du masque de l'honneur couvrant leur turpitude,
Proclament la justice ; et dont l'avidité
Spécule bassement sur la crédulité
De l'homme confiant qui leur ouvre sa bourse ?
Le commerce, en tous lieux, leur montre une ressource ;
Et quand ils ont volé trois fois cent mille francs ;
Tout fiers de leur adresse, en prison pour cinq ans,
Ils achètent le droit de braver leur victime,
Et vivent sans rougir d'un bien illégitime.
Ces gens—là, toutefois, dans ce séjour hideux,
Sont mieux vus, mieux traités que l'homme courageux
Qui, des masques du jour dédaignant la colère,
Raille en un vers moqueur le nain du ministère.

C'est ainsi qu'au milieu de pirates flétris

On voit un honnête homme accablé de mépris.

C'est ainsi que des cœurs, à tromper trop faciles,

Abjurent des vertus qui leur sont inutiles ;

C'est par de tels affronts que l'honneur outragé

Près du vice en faveur languit découragé.

La probité se cache, et sa vile ennemie

Va dans un char doré traîner son infamie.

  Mais réponds-moi, Préfet : un vil banqueroutier,

Fripon bien reconnu, vieux renard du métier,

Est-il plus estimable aux yeux de la sagesse

Que l'écrivain hardi dont la mâle rudesse

Frappe d'un trait vengeur ces mystiques bandits,

Que de nos parlemens ont chassés les édits ?

Que celui qui, soutien des vertus qu'on opprime,

Au tribunal du peuple a dénoncé le crime,

Couvert, en tant de lieux, d'un manteau respecté,

Qui, d'un mâle crayon, peint l'État infecté

D'employés sans pudeur, de ministres iniques,

Destructeurs effrontés des libertés publiques ?

Qui signale au mépris le député vendu ?

Ton air confus, Préfet, m'a déjà répondu.

Dois-je couvrir ici, du voile du silence,

Tous ces abus honteux, fruits de ta négligence ?

Offrirai-je à tes yeux le vil spéculateur

Dont la rapacité vient aigrir mon malheur ?

Peindrai-je ces geôliers, à mine repoussante,

Qui, s'ils ne parlaient pas d'une voix menaçante,

Croiraient, en bonne foi, mal remplir leur devoir ?

Dirai-je les affronts qu'il nous faut recevoir ?

Non, non; pour les écrire on ferait un volume,

Et tant d'indignités repousseraient ma plume !

Je sens qu'il faut finir; et par un trait nouveau

Mais frappant, bon Préfet, achever mon tableau.

Tu connais ces vauriens à figure sinistre

(Un scélérat célèbre est leur premier ministre)

Qui, de Jérusalem échappés le matin [18],

Vont rôder près du toit de l'humble citadin,

Pour saisir, au passage, une phrase indiscrète

Qu'on reporte aussitôt à la *chambre secrète*.

Tu sais que, trop souvent, ces fils du déshonneur [19]

D'un paisible artisan font un conspirateur.

Mais cette bande infâme, à tes lois asservie [20],

Se tait quand d'un captif on attaque la vie.

Qu'importe à des brigands qu'un satrape assassin

De quelques prisonniers menace le destin ?

Est-ce ainsi que tes soins dirigent la police,

Préfet ? et toi qui sors des rangs de la milice,

Tu veux, de ta fureur écoutant les excès,

Rougir tes mains du sang d'un citoyen français !

Un tribunal auguste a respecté sa tête,

Et toi, lâche soldat, brigand que rien n'arrête,

Tu prétends, à ton gré, disposer de ses jours !

Vas servir, vas servir au pays des Pandours !

Vas, indigne Français, désoler la contrée

Où tombent des chrétiens pour la cause sacrée !

Vas, d'un sexe charmant effroyable bourreau,

Dans le sein d'une Grecque enfoncer le couteau !

Vas offrir à Mahmoud tes armes meurtrières,

Et des moines proscrits mériter les prières !

Que du cruel Soudan les farouches soldats

Dépeuplent leur pays par des assassinats,

C'est ainsi que des Turcs s'annonce le courage.

Mais qu'en France on tolère une pareille rage,

Qu'au milieu de Paris un soldat déloyal

Souille de sang français l'uniforme royal,

Voilà des attentats qu'un Préfet de police

Doit dénoncer aux lois s'il connaît la justice!

NOTES.

---

[1] DE ce jour où ma lettre, en prenant son essor,
Vola de ma prison jusqu'à la préfecture.

J'avais écrit à **M.** le Préfet de police pour le prier de me laisser entrer ma guitare. Voici la copie textuelle de la réponse qu'il adressa au concierge de la prison :

« MONSIEUR,

» Je vous invite à faire savoir au sieur Cahaigne, détenu
» dans votre maison pour outrages à la morale publique et
» religieuse (il s'agit ici du petit poëme intitulé *la Missio-*
» *néide*), que des motifs *d'ordre et de convenance* s'opposent
» à ce qu'une guitare soit introduite dans l'intérieur de la
» prison.

» Le conseiller d'État, Préfet de police,

» DELAVAU. »

² Et, successeur d'Orphée, adoucir par mes chants
Les Cerbères du lieu. . . . .

Je prie mes lecteurs de ne pas m'accuser ici d'immodestie ;
je mets autant de différence entre les chants d'Orphée et les
miens, qu'il en existe raisonnablement entre des divinités,
bien qu'infernales, et des geôliers, entre l'enfer et une prison.

³ Qu'un ignoble moyen par Fortis inventé.

M. de Fortis est le général romain des jésuites.

⁴ Ai-je, du spadassin dédaignant les faisceaux,
Menacé d'un fleuret notre garde-des-sceaux ?

Tout le monde sait que **M.** de Peyronnet avait la réputa-
tion d'être un des premiers *crânes* de Bordeaux.

⁵ Ou bien, nouvel Amrou, traîné dans la poussière
Ces bouquins précieux, idoles de Corbière ?

Amrou, lieutenant d'Omar, en Égypte, brûla, par l'ordre
de ce calife, la magnifique bibliothèque d'Alexandrie. Prions
Dieu qu'un Amrou en froc ne fasse pas éprouver le même
sort aux sublimes écrits de nos grands hommes.

⁶ Ai-je, loin du danger, près la porte Maillot,
Dénigré les hauts faits du vainqueur de Chaillot?

LE DÉPART POUR LA PETITE GUERRE.

Il est cinq heures et demie du soir. Monsieur a dîné beaucoup plus tôt qu'à l'ordinaire, et il s'est levé de table après avoir à peine effleuré les mets qui la couvraient ; il avait l'air soucieux et morose, comme s'il roulait dans sa tête quelque grand projèt ; cette vague inquiétude n'avait pas échappé à la curieuse sensibilité, à la tendresse ombrageuse de Madame ; vainement avait-elle essayé de distraire son auguste époux, vainement avait-elle cherché à surprendre le secret de son ame ; on eût dit de ces héros mystérieux que le romantique moderne nous représente cuirassés de mélancolie et d'obscurité ; seulement il interrogeait de temps en temps sa montre, et, dans son impatience, il accusait la lenteur du temps. Plusieurs monosyllabes effrayans sortirent de sa bouche, comme pour soulager son cœur oppressé, et on l'entendit répéter six fois le mot *feu!* Alors Madame se prit tout d'un coup à trembler et à frémir, et quand six heures sonnèrent à l'horloge de l'hôtel, quelques gouttes d'une sueur froide tombèrent de son front attristé.

Mais lui se leva précipitamment, et s'écria : *Aux armes!* *aux armes!* Alors ses domestiques fidèles lui ceignirent l'épée encore vierge, et placèrent sur sa tête le chapeau orné de franges d'or et couronné de plumes flottantes. Alors ses jambes disparaissent dans l'épaisseur de larges bottes dites à l'écuyère; l'habit guerrier succède à la robe de chambre pacifique; enfin, le héros a paru tout entier, tout armé. Le palefroi, hennissant, frappe du pied la terre, et demande le maître qui doit le guider à travers les périls; il brûle de se précipiter avec lui sur le champ de bataille.

Mais elle : « Cher époux, où vas-tu?.... Ah! parle, je t'en conjure.

» — A la gloire!.... N'entends tu pas le clairon belliqueux qui retentit là-bas près de la montagne?

» — Hélas!.... Quoi! tu me trompes ainsi!.... Arrête, cher époux! aie pitié de ma douleur, fuis ce péril.

» — Qu'exiges-tu de moi? ne sais-tu pas que je n'ai jamais vu le feu?..... Il est temps que j'illustre mon bras, que je m'arrache aux honteuses douceurs d'un indigne repos..... A moi, hommes d'armes, en avant!

» — Cruel! où diriges-tu tes pas?.... Je vais te suivre, partager ton sort; je combattrai à tes côtés.

» — Non, non! je t'ordonne, au nom de ce que j'ai de plus cher au monde, de mon fils, tendre rejeton d'une race héroïque, de rester..... »

Alors Madame saisit son enfant, et l'élevant dans ses faibles mains, elle le présenta à Monsieur pour l'attendrir. Semblable au petit Astyanax, qui eut peur de l'éclat terrible qui jaillissait du casque d'Hector, il se rejeta sur le sein de sa mère. Rien ne manquait à cette scène touchante pour rappeler les adieux d'Hector et d'Andromaque, rien, pas même *le sourire qui brille à travers les larmes,* comme disait bien poétiquement le bon Homère.

Mais tout fut inutile ; le moderne Hector ne fut pas moins inflexible que son prédécesseur, et Madame s'attachait à la crinière du palefroi pour l'arrêter. Cependant Monsieur était pressé par l'heure : que faire ? il ne pouvait écraser son épouse pour le plaisir d'aller combattre... Alors, il voit qu'il faut dire la vérité, et le mot fatal *la petite guerre !* a retenti agréablement aux oreilles de Madame, et lui annonce que son époux est un guerrier pour rire ; elle rit aussi, fait mettre les chevaux à la voiture, et s'élance sur les traces de son mari pour contempler sa gloire, et placer sur son front un laurier qui ne sera pas teint de sang, mais de poussière et de fumée.

(Extrait du Corsaire, du 13 septembre 1826.)

[7] Frondai-je Trébuquet aux yeux de tout Paris,
Repoussant le géant du général Fortis ?

MM. Méry et Barthélemy ont, dans le poëme de *la Villé-liade*, très-plaisamment armé M. l'abbé Trébuquet d'une seringue, au moyen de laquelle il met en fuite le géant jésuite, secrétaire de M. de Fortis.

8 Fis-je craindre à d'Hermès une boule homicide ?

M. d'Hermopolis passe pour être très-habile..... au billard.

9 Ma voix osa flétrir cette race étrangère
Enseignant aux enfans à mépriser leur mère.

Durant la mission qui troubla naguère la ville de Rouen, un jésuite fit entendre ces paroles : « Si votre père et » votre mère sont dans un danger imminent, sauvez d'a-» bord la mère ; vous êtes assuré d'être son fils. Il n'en est » pas de même de celui que vous appelez votre père ; car » combien de femmes, parmi celles qui m'écoutent, pour-» raient nommer les pères de leurs enfans ? »

Mères de famille, envoyez vos enfans à l'école de ces gens-là !

10 Successeurs exécrés des assassins des Rois.

Ravaillac, Jean Châtel, Damiens, assassins de Henri IV et de Louis XV, étaient affiliés aux jésuites et instruits par eux. Malagrida, assassin du roi de Portugal, était aussi jésuite ; et la conspiration des poudres ! etc., etc., etc., etc., etc.

ᴵᴵ Au nom d'un Dieu de paix prêchant les dragonnades.

Pendant la mission que l'on prêchait à Fontainebleau, en 1820, M. Forbin de Janson, qui n'était alors que jésuite-missionnaire, après avoir peint dans un sermon les hérétiques comme des bêtes fauves, disait : *Détestez les hérétiques ! chassez les hérétiques ! exterminez les hérétiques !*

Il se fit chasser lui-même du village d'Avon, voisin de Fontainebleau, où il eut l'indécence de dire en face à ses auditeurs : *Vous êtes plus bêtes que les animaux de la forêt.*

Voici encore un trait à ajouter aux mille témoignages qui prouvent que les jésuites ne désirent rien tant que la ruine de l'instruction publique, l'abrutissement de l'espèce humaine. M. de Janson avait fait imprimer de petites feuilles auxquelles il donnait le titre d'*Abrégé de la Foi*. Ces livrets étaient distribués avec ou sans argent, selon les moyens de ceux qui désiraient les avoir. La porte du missionnaire était ouverte, depuis neuf heures du matin jusqu'à quatre heures du soir, aux ergoteurs, aux dévots, aux pénitens, etc. Un jour, des officiers et sous-officiers d'un régiment de cavalerie de la garde, qui ne donnaient pas souvent raison à M. de Janson, se trouvaient chez lui au moment où quelques bourgeois demandaient des *Abrégés de la Foi*. Entre autres maximes de l'intolérance, on lisait celle-ci : *Hors l'Église catholique, apostolique et romaine, point de salut !* « Quoi ! mon père, dit l'un » des acheteurs, il est donc vrai que tous ceux qui n'obser-

» vent pas la même religion que nous seront damnés ? — Oui,
» damnés, répond le prêtre d'un ton imposant, damnés sans
» miséricorde ! » Les citadins se retirent sans dire un seul mot.

Un des militaires adresse alors la parole à l'homme sans *miséricorde* : « Monsieur, vous venez d'avancer une proposi-
» tion que vous seriez, je crois, fort embarrassé de prouver,
» parce qu'elle est fausse. — Je ne l'ignore pas, répond-il;
» mais *il est des choses que tout le monde ne doit pas savoir.* »
Commentez, Messieurs de la robe courte !

Nous avons appris avec douleur que l'évêque du même nom conserve la fougueuse intolérance du missionnaire. Certaines gens prétendront peut-être qu'il n'y a pas identité de personnage. Je n'oserais l'assurer; mais j'ai bien remarqué le jésuite, et plusieurs années n'ont pas effacé son signalement de ma mémoire; le voici : Taille, 5 pieds 3 pouces environ, cheveux et sourcils noirs, yeux noirs, vifs et perçans, nez très-long et aquilin, visage long et décharné, teint d'un jaune brun, tempérament bilieux.

12 Qu'aux bouts de l'univers le crime a proclamés.

Le Portugal, la France, l'Espagne, l'Angleterre, la Russie, l'Allemagne, le Chili, le Japon, la Chine, ont été tour à tour le théâtre des exploits jésuitiques. Dans tout l'univers ils ont fait preuve des talens qu'ils possèdent pour le malheur

des hommes et la ruine des gouvernemens. O les bons prê-
tres ! les saints hommes !

[13] As-tu donc arboré leurs signes ennemis ?

J. H. S. *Jesus hominum salvator,* fameux monogramme de
la compagnie de Jésus.

[14] De ces chers précepteurs de l'imberbe Ottoman.]

Personne n'ignore que cinquante jeunes Turcs sont arrivés
naguère à Paris pour étudier sous les jésuites.

[15] A la servile *Étoile.* . . . .

Voici ce que me disait un Belge en parlant de cette feuille :
« Il est difficile de se faire une idée du dégoût qu'elle inspire
chez nous. On en demanda long-temps l'interdiction au Roi,
qui répondait toujours : « Le mépris seul doit faire justice
» d'un pareil journal ; il est indigne d'occuper des hommes. »
Cependant il céda aux instances de la voix publique, à l'oc-
casion d'une diatribe violente que cette feuille avait lancée
contre le gouvernement, et la lecture en fut défendue dans
toute l'étendue de son royaume. »

Il paraît, d'après cela, que la *servile Étoile* n'est pas plus en odeur de sainteté à Bruxelles que chez nous.

(
[16] Que Vaille le jésuite. . . . .

M. Vaille, rédacteur d'un journal catholique, jouissait, durant sa captivité, de toutes les faveurs qu'il est possible de rassembler dans un pareil lieu. La porte reste fermée jusqu'à dix heures du matin pour les femmes qui viennent visiter leurs époux, les frères qui viennent consoler leur frère; mais elle s'ouvrait à sept heures pour les gens qui demandaient M. Vaille. Nul ne peut monter à la chambre d'un prisonnier, s'il n'est son très-proche parent; les cousins germains, les nièces même n'y sont point admis; ils doivent, en outre, se munir d'une permission du préfet de police sur laquelle on inscrit leur signalement, et dont ils ne peuvent user que le jeudi et le dimanche seulement; il suffisait aux amis de M. Vaille de prononcer son nom, et le guichetier les introduisait tous les jours, sans la moindre observation. Des paniers de vins fins, des mets délicats lui parvenaient à chaque instant sans obstacle, et les autres étaient réduits à boire une teinture de bois rouge, et à manger des fruits pourris. Dites, après cela, qu'on a tort de se faire jésuite.

[17] Mais qu'un lâche coquin qu'un ignoble mouchard ,

Ose, même en ces lieux, promener son regard !

Jacques Labite et *Alphonse Pernet,* mouchards de la *bri-gade de sûreté,* entrèrent sans permission le jour même où l'on avait refusé la porte à une dame qui venait voir son frère ; elle était munie d'une permission , mais elle arrivait dix minutes trop tard. Quelque temps auparavant, on avait agi de même à l'égard d'une jeune fille qui apportait quelques alimens à son vieux père. Il est expressément défendu aux visiteurs d'entrer dans la cour où l'on se promène ; les deux mouchards y restèrent plus d'une heure, et c'est là qu'ils furent reconnus par plus de dix personnes qu'ils avaient arrêtées ; ils allèrent ensuite visiter la chapelle.

Monsieur le Préfet, je veux bien croire que toutes ces choses ne vous sont pas connues ; mais permettez-moi de vous demander comment il arrive que vous les ignoriez.

[18] Qui , de Jérusalem , échappés le matin.

C'est de la rue de Jérusalem que s'échappent tous les matins les bandes de mouchards qui vont infecter les mille quartiers de la capitale.

¹⁹ Tu sais que trop souvent ces fils du déshonneur
D'un paisible artisan font un conspirateur.

Mon dessein n'est pas de raconter ici toutes les turpitudes des espions; je prie seulement mes lecteurs de se rappeler cette conspiration des *bretelles tricolores* organisée dans la rue de Jérusalém par deux limiers de police qui trouvaient très-plaisant d'obtenir de l'avancement ou des gratifications en ruinant un honnête commerçant.

²⁰ Mais cette bande infâme, à tes lois asservie,
Se tait quand d'un captif on attaque la vie.

M. ***, charcutier, condamné à quinze jours de prison pour avoir donné un soufflet à quelqu'un, chantait un soir à la fénêtre de sa chambre qui donnait sur le chemin de ronde, où se promenait un factionnaire. Il était un peu plus de neuf heures; le soldat lui ordonne de se taire. M. *** lui répond que sa consigne ne lui donne pas ce droit, que l'heure du silence n'est pas encore arrivée, et que nul ne peut l'empêcher de chanter quand il ne trouble personne. A une défense itérative le soldat joint la menace de faire feu, si le prisonnier ne cesse à l'instant : celui-ci réplique vertement que la loi ne laisse pas la vie d'un homme au pouvoir d'un furieux; que lui, prisonnier, a servi aussi, mais qu'il n'a jamais été assez lâche pour menacer de son feu un adversaire désarmé. Après quelques mots échangés de part et d'autre, M. *** défie le militaire d'exécuter sa menace ; aussitôt le coup de fusil est lâché, et la balle, après avoir touché l'un des barreaux de la fenêtre, passe un peu au-dessus de la tête de M. ***, et va frapper le plafond.

M. G...., avocat, qui couchait dans la même chambre, est aussitôt atteint à la cuisse de quelques petits éclats, trop faibles, il est vrai, pour lui causer des blessures graves, mais non pas pour faire couler son sang. M. G.... jette les hauts cris, on parvient enfin à lui faire entendre que la frayeur l'aveugle et qu'il n'est qu'égratigné.

Le coup de feu avait attiré plusieurs personnes de la maison et les soldats du poste. On s'informe comment et pourquoi la sentinelle a fait feu ; elle raconte inexactement les faits, et termine son récit par ces mots : *Hé! quel mal y aurait-il à tuer une demi-douzaine de ces brigands-là ? — En effet,* répond un autre brave, *ça n' ferait pas grand'chose.*

L'homme dont on venait d'attaquer la vie était puni pour avoir donné un soufflet. Le soldat était justiciable d'un conseil de guerre pour attentat aux jours d'un citoyen et inobservation de sa consigne. Hé bien! lecteurs, on ne prit pas même la plus légère information près de ceux qui avaient vu cette scène. Le seul concierge, M. Brault, en se faisant rendre compte de l'affaire, daigna dire : « C'est bien fait! pourquoi a-t-il insulté la sentinelle ! »

La chambre du prisonnier porte le n° 14 ; elle donne sur le Jardin des Plantes, corridor de l'Ouest, au second étage. On voyait encore, à l'époque de ma sortie, le trou que la balle a fait au plafond.

NOTICE

SUR

SAINTE-PÉLAGIE.

LA prison de Sainte-Pélagie était réservée, il y a quelques années, aux hommes de lettres, à ceux punis pour délits politiques, et aux détenus pour dettes. Les premiers et les seconds étaient placés dans le bâtiment du sud, au premier étage, dans le corridor dit *Corridor rouge*, où l'on admettait aussi les prisonniers punis pour des fautes légères et n'emportant pas la dégradation. On transgressait encore le réglement en faveur d'hommes repentans, se conduisant bien durant leur captivité, et qui payaient chaque mois la somme voulue pour rester dans cette maison. Les détenus pour dettes occupaient le reste du bâtiment, à l'exception du corridor Saint-Louis où l'on casait les nombreux individus

3

repris de justice pour vol et autres crimes, en attendant leur transfert dans les prisons de Poissy ou de Melun.

La haute prospérité du commerce ayant rendu trop petit le local destiné aux banqueroutiers, ils ont été mis en possession du Corridor rouge, et le corridor Saint-Louis, deuxième étage, bâtiment du sud, a été destiné à recevoir ceux qu'un mauvais génie avait poussés dans la littérature ou la politique. Depuis ce changement, on a cru devoir user de plus de rigueur envers eux; ils ont, par-dessus tous les autres, l'honneur de déplaire complètement au concierge en chef. Avant d'aller plus loin, esquissons le portrait de cet homme.

Le concierge Bault, que M. le préfet de police a décoré du titre de directeur, sans doute pour donner plus de relief à ses fréquens rapports avec lui, exerce depuis longues années le métier de gardien des prisons. Il connaît toutes les ruses que l'on peut mettre en usage pour s'évader, et ses talens l'ont fait souvent choisir pour veiller, à la Conciergerie, sur des captifs importans. Il joint à une avarice sordide les goûts les plus sales et les plus bas. Ces vauriens qui font métier de briser les mâchoires des malheureux qui tombent entre leurs mains, les tapageurs des guinguettes, les piliers des maisons de filles, jouissent auprès de lui d'une distinction toute particulière. Il reçoit d'eux des leçons d'*argot* et de gymnastique ; et plusieurs fois on l'a vu essayer ses forces ou son adresse contre ces misérables. En revanche, il déteste de tout son cœur les hommes dont les manières et l'éducation sont soignées ; le bon ton, l'esprit et les talens, sont près de lui des titres assurés de réprobation.

Quinze mille francs de rentes patrimoniales, joints à trente mille autres qu'il retire par année de sa place, ne peuvent le déterminer à user des douceurs que lui présente la fortune. La nourriture des prisonniers est la sienne, et l'on sert sur sa table la soupe et les haricots accordés par l'administration aux malheureux que la pauvreté met à la ration. La vengeance est pour lui pleine d'attraits, non celle qui poursuit ouvertement son ennemi, mais cette vengeance perfide, jésuitique, qui frappe dans l'ombre et qui ne se dévoile aux yeux de la victime que lorsqu'elle tombe écrasée par le malheur.

Bien des gens sont persuadés qu'on passe agréablement son temps à Sainte-Pélagie. Cela peut être vrai, jusqu'à un certain point, pour quelques banqueroutiers qui ont eu soin d'assurer leur fortune en frustrant leurs créanciers, mais n'est nullement applicable aux autres. Qui que vous soyez, quelque léger que soit votre délit,

vous êtes prisonnier, et, comme tel, assujetti aux vexations et aux insolences des geôliers de tout grade. L'honnête homme est confondu avec des voleurs, des faus-
saires ; aucune ligne de démarcation n'est établie entre
le filou de profession et le citoyen condamné à une
peine correctionnelle pour délit de la presse, politique,
ou assez peu grave pour ne pas l'empêcher de reparaître
dans la société. Ne nous étonnons plus si nous voyons
s'accroître chaque jour le nombre des criminels. Comment pourrait-il en être autrement, quand on place sur
la même ligne l'écrivain courageux et l'escroc, l'adoles-
cent étourdi et le faussaire? Des jeunes gens, entraînés
dans le tourbillon des plaisirs, commettent quelques
fautes que la justice punit de la prison ; ils sont mêlés
avec tout ce que Paris renferme de plus dépravé ; leur
raison, trop faible encore pour les prémunir contre
les piéges que leur tendent ces suppôts du crime, les
abandonne à mesure qu'on les entoure de plus de séduc-
tions. Leurs mœurs se corrompent, l'amour du bien
s'éteint dans leur ame, ils s'accoutument à entendre
sans frémir le langage des scélérats, et leur punition
vient à peine de finir, qu'on les voit reparaître sur les
bancs des accusés, d'où ils ne sortent souvent que pour
aller présenter leur épaule au bourreau. Le supplice de

la marque, supplice immoral, barbare, impolitique, en leur ôtant à jamais les moyens de rentrer dans la société, ne leur laisse de ressource que le brigandage et l'assassinat. Ainsi vont tomber sur l'échafaud des hommes qui n'étaient pas nés pour le crime, et qu'on eût arrachés à l'infamie si l'on eût pris plus de soin de montrer à leur jeunesse imprudente la distance qui sépare un étourdi d'un brigand.

L'espionnage et la délation sont à l'ordre du jour dans cette maison; et ce double moyen est souvent mis en usage par un vil coquin qui veut se venger de l'honnête homme qui le méprise. Encore s'il ne disait que la vérité! Mais ici, tous les moyens sont bons. Le mensonge et la calomnie servent à souhait celui qui veut en user. On s'en sert pour se débarrasser de ces gens dont on craint le regard perçant et la voix courageuse; et les délateurs crus sur parole (la parole d'un délateur!), en voyant traîner à Poissy la victime de leurs lâches manœuvres, se réjouissent à l'idée qu'un homme de bien endossera comme eux la livrée de l'infamie. On va peut-être m'accuser d'exagération. Lecteurs, rappelez-vous cet homme de lettres conduit de Paris à Poissy, accolé au bras d'un forçat galeux qu'on avait enivré pour lui faire crier : *Vivent les galériens!*

A cette infraction de toutes les convenances sociales, on ajoute tout ce qu'on peut imposer de privations; elles s'exercent particulièrement sur la nourriture des prisonniers auxquels on interdit les alimens qui viennent du dehors, parce qu'on trouve à la cantine de quoi se nourrir, s'il est possible toutefois de le faire avec des alimens malsains et d'une dégoûtante saleté; du vin qui n'est autre chose que du vinaigre forcé en couleur, du fromage puant et des fruits pourris. La raison en est facile à saisir, la personne qui tient cette gargotte n'en peut obtenir le privilége qu'à prix d'argent; elle est peut-être obligée de payer une rétribution quelconque sur tout ce qu'elle vend; de-là, cette sévérité recommandée aux geôliers pour arrêter les vivres que l'on cherche à introduire. La cantinière connaît trop bien son métier pour ne pas prélever un bénéfice énorme; son esprit est toujours suffisant pour calculer sur l'impérieuse loi de la nécessité. Il résulte de toutes ces causes, que les malheureux détenus sont forcés de payer quatre fois plus qu'elles ne valent des denrées capables plutôt d'altérer leur santé que de la soutenir. Qu'on joigne à cela l'influence bien connue sur la vie des hommes, de l'air méphytique des prisons, et l'on aura une idée juste du surcroît de peine qui leur est infligé par la négligence et la dureté de ceux qui devraient veiller à leur bien-être.

Ce n'est pas assez qu'on empêche un prisonnier de se nourrir à sa guise, qu'on le force d'acheter de détestables alimens dont on quadruple la valeur ; il est encore obligé de subir la loi des commissionnaires du guichet, autre espèce de sangsues qui concourent avec les autres à vider sa bourse. Si l'on fait acheter du sucre, du bois, quoi que ce puisse être, il faut s'attendre à payer un tiers de plus que le prix ordinaire (sinon moitié), indépendamment de la commission qui n'est jamais mince.

N'est-ce pas une honte, que des malheureux privés de leur liberté soient laissés à la merci d'un tas de pirates, dont la basse avidité spécule à toute heure sur les besoins de l'infortune ? Pourquoi ne fixerait-on pas les courses de ces commissionnaires comme on a fixé celles des cabriolets ? On est tenté de croire, en voyant tant d'abus, que ces gens-là n'ont eu en vue que de renchérir sur la peine portée par la loi, tandis qu'ils devraient, autant que le permettrait leur devoir, s'efforcer de l'adoucir. Préfet de police, préfet de police ! quand vous pénétrerez-vous de vos devoirs ? Quand apprendrez-vous que les magistrats sont institués pour être les protecteurs et non les persécuteurs de l'humanité ?

Les prisonniers, quels qu'ils soient, sont assujettis au

travail des ateliers. Il peut arriver quelquefois qu'on les laisse en repos, si le temps qu'ils ont à faire est court ou qu'il plaise au concierge de ne pas les y mêler ; mais il n'en est pas moins vrai que cela dépend entièrement de son caprice ou de sa volonté. Un marché est passé avec l'entrepreneur des travaux des prisons, pour lui fournir un nombre donné de bras par année : de cette façon tous les détenus sont à sa disposition ; sur sa demande on force un ex-militaire, un homme de lettres, à faire des visières de casquettes ou à couper du papier ; et, s'ils refusent, le cachot est là pour les rendre plus flexibles. Qu'un captif élève sa voix pour se plaindre d'un pareil traitement, on lui répond que l'entrepreneur a le droit, en vertu de son marché, d'exiger de chaque homme un travail journalier ; ce qui signifie, en d'autres termes, qu'un individu tel quel a payé nos bras et qu'il peut en disposer malgré nous.

Il est utile, indispensable même de faire travailler dans les prisons. Outre que c'est un moyen d'adoucir un peu les douleurs de la captivité, on doit considérer combien il est nécessaire d'occuper des hommes dont l'immoralité profonde ne ferait que s'accroître, s'ils pouvaient, à leur gré, disposer de leur temps. L'habitude du crime se contracte trop facilement pour qu'on n'apporte pas tous les soins possibles à l'amendement de ce grand nombre d'individus tarés, qui doivent, un jour ou l'autre, se mêler encore à la masse de la population. Mais il est une classe de prisonniers auxquels cette mesure ne peut être applicable. Assurément le législateur n'a pas eu en vue d'assimiler à des brigands des écrivains d'une vie irréprochable et que des opinions trop hardies ont placés sous les verroux. Il a bien moins entendu encore que ces travaux, institués pour un but tout-à-fait moral, devinssent l'objet d'une spéculation qui ne peut attirer aux prisonniers que des vexations et des mauvais traitemens. N'est-ce pas en effet un acte de l'arbitraire, qu'un captif qui paie sa nourriture, son lit, sa chaise, soit tenu d'aller se mêler, dans les ateliers, à la lie de l'espèce humaine, uniquement pour contribuer à la fortune d'un traitant ?

Que de choses à dire sur ce mélange immoral de l'honneur et du crime ! Combien de réflexions douloureuses se présentent à l'esprit de l'homme de bien quand il voit, confondus dans le même bagne, le soldat qui insulta son chef * et le bandit dont la vie ne fut qu'une

---

* C..........., soldat aux chasseurs à cheval de la garde, fut condamné à cinq ans de fers, pour insultes envers ses supérieurs ; on le mit au bagne avec les scélérats ; son cœur honnête ne put supporter tant d'in-

longue série de forfaits ! Je laisse à d'autres plumes que la mienne le soin de traiter dignement un pareil sujet. L'excessive sévérité de nos lois militaires appelle depuis long-temps les regards de ceux qui jugent sainement. Ministres, écoutez une fois la voix de la raison et de l'humanité ! Moins de bontés pour les jésuites, et plus de douceur pour les défenseurs de l'État !

Je n'ai voulu que donner un aperçu de la mauvaise administration de cette maison ; il faudrait écrire longuement pour signaler tous les abus qu'on y rencontre. Je terminerai par une réflexion qui, je le crois, doit trouver place ici.

Il est des condamnés qui obtiennent, par faveur, de passer le temps de leur détention dans les prisons de la Seine. Ce n'est pas gratis toutefois ; on les oblige à payer par jour 66 centimes deux tiers pour prétendus frais d'entretien. Il est à remarquer que les sept huitièmes, pour ne pas dire la totalité de ces prisonniers, ne coûtent rien à l'administration, et cette rétribution peut être regardée comme le loyer de leur chambre. On est porté à croire que cette convention est établie pour tout le temps de.

famie ; il fut assez heureux pour mourir de douleur. Il était homme d'honneur, son trépas le prouva ; le seul défaut qu'on pût lui reprocher, et qui causa sa perte, fut d'aimer un peu le vin.

leur peine ; il n'en est rien, et plusieurs y ont été trompés. Que l'on ait le malheur de déplaire à M. le Concierge, que le bon plaisir ministériel trouve à propos de faire transférer, et des détenus qui ont payé la somme voulue pendant deux ou trois années sont conduits à Melun ou à Poissy, où ils endossent l'habit de prison.

J'avoue que je serais curieux de connaître jusqu'à quel point la loi donne, à certains administrateurs, le droit de tromper des malheureux pour leur attraper leur argent. Ils ont compté sur l'assurance qu'on leur avait donnée de finir leur peine dans les prisons du département, ils n'ont payé que dans cet espoir et à cette condition, et après avoir dégarni leur bourse d'une somme plus ou moins considérable, on viole la promesse qu'on leur a faite. Si de simples particuliers se conduisaient de la sorte, je sais bien comment on les appellerait.

BIBLIOTHÈQUE ROYALE

www.ingramcontent.com/pod-product-compliance
Lightning Source LLC
Chambersburg PA
CBHW061225030726

47595CB00004B/1385